Impressum
Verlag: BABADADA GmbH, Nedderfeld 112 , 22529 Hamburg
Geschäftsführer / Verlagsleitung: Harald Hof
Druck: Books on Demand GmbH, In de Tarpen 42, 22848 Norderstedt

Imprint
Publisher: BABADADA GmbH, Nedderfeld 112 , 22529 Hamburg, Germany
Managing Director / Publishing direction: Harald Hof
Print: Books on Demand GmbH, In de Tarpen 42, 22848 Norderstedt

sukuu
el colegio

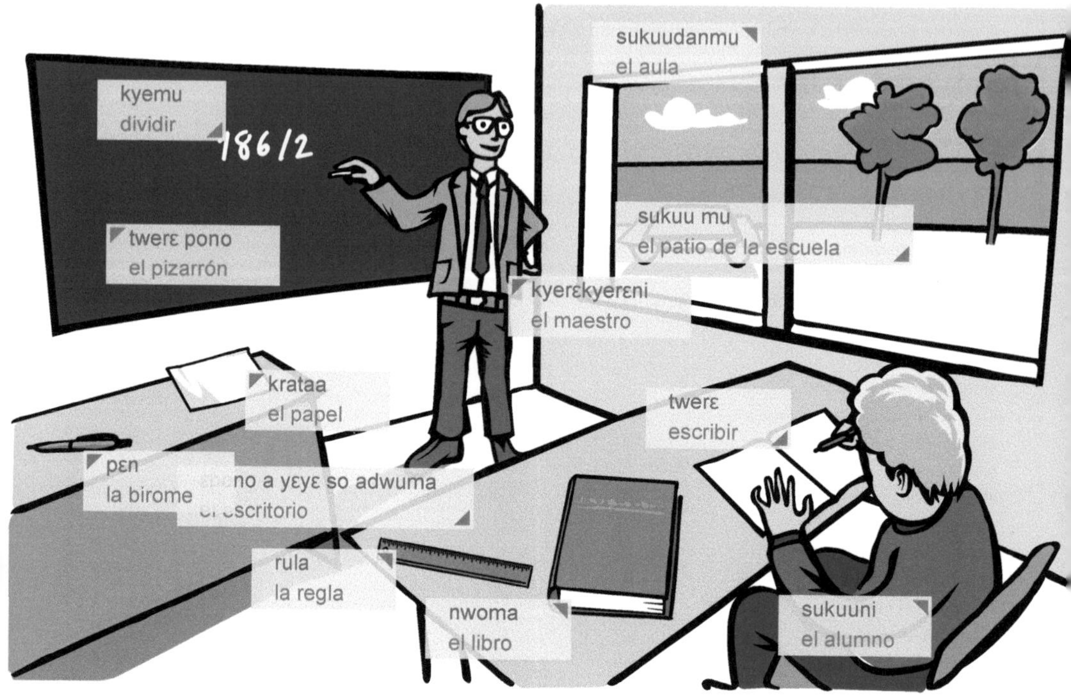

sukuudanmu
el aula
kyemu
dividir
186/2
twerɛ pono
el pizarrón
sukuu mu
el patio de la escuela
kyerɛkyerɛni
el maestro
krataa
el papel
twerɛ
escribir
pɛn
la birome
no a yɛyɛ so adwuma
scritorio
rula
la regla
nwoma
el libro
sukuuni
el alumno

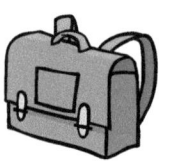

baage

la mochila

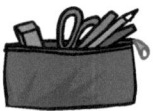

twerɛdua konko

la caja de lápices

twerɛdua

el lápiz

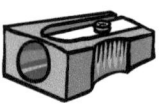

deɛ yɛde sensen twerɛdua ano

el sacapuntas

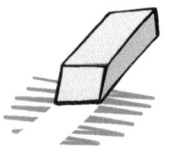

rɔba

la goma (de borrar)

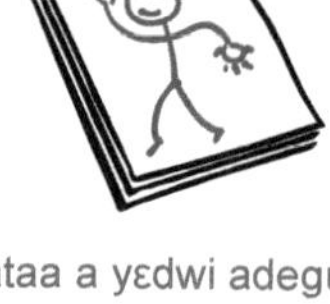

krataa a yɛdwi adeguso

el bloc de dibujo

adedwie
el dibujo

penti brɔhye
el pincel

penti adaka
la caja de pinturas

apasoɔ
la tijera

aman
el pegamento

nwoma a yɛyɛ mu adwuma
el cuaderno de ejercicios

efie adwuma
la tarea

12

nɔma
el número

2+2

kabom
sumar

5-2

te fri mu
restar

2×2

mmɔho
multiplicar

sese
calcular

A

lɛtɛ
la letra

ABCDEFG HIJKLMN OPQRSTU VWXYZ

ntwerɛeɛ
el abecedario

asɛmfua
la palabra

ntwerɛdeɛ

el texto

kenkan

leer

kyɔk

la tiza

adesua

la lección

twerɛ wo din

el cuaderno de clase

nsɔhwɛ

el examen

abodinkrataa

el certificado

sukuu ataadeɛ

el uniforme escolar

adesua

la educación

nyansa nwoma

la enciclopedia

suapɔn

la universidad

maakroskop

el microscopio

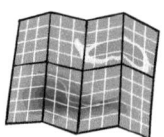

map

el mapa

kɛntɛn a yɛde krataa nwura gu mu

el tacho (de basura)

akwantuo

el viaje

ahɔhogyebea
el hotel
Grand
hostɛl
el hostel
ROOMS
CHANGE
baabi a yɛ sesa sika
la casa de cambio
potomanto
la valija
kaa
el auto

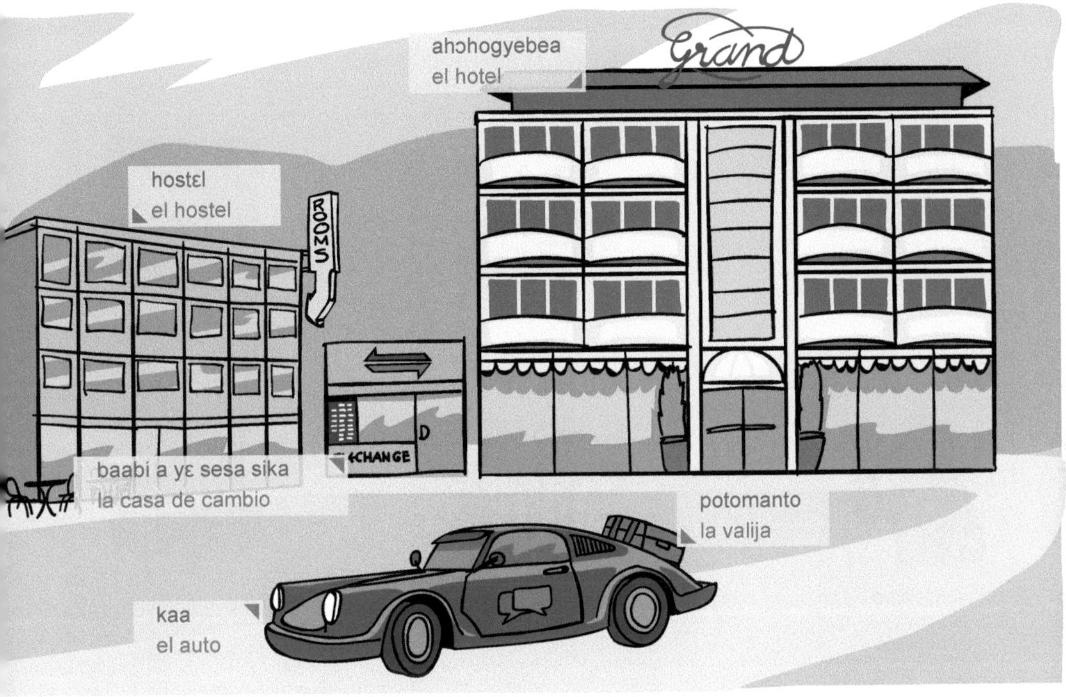

kasa

el idioma

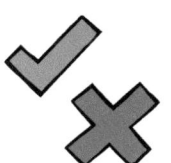

aane / dabi

sí / no

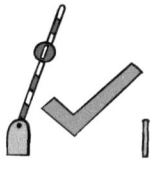

Yoo

Está bien

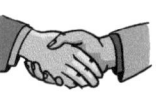

hɛlo

hola

kasa asekyerɛfoɔ

el traductor

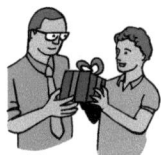

Medaase

Gracias

...bɔɔ yɛ sɛn?

¿cuánto cuesta…?

Me nte aseɛ

No entiendo

ɔhaw

el problema

Maadwo!

¡Buenas tardes!

Maakye!

¡Buenos días!

Dayie!

¡Buenas noches!

baibai o

el adiós

akwankyerɛ

la dirección

wo nneɛma

el equipaje

bɔtɔ

el bolso

akyirebɔtɔ

la mochila

ɔhɔhoɔ

el invitado

danmu

la habitación

bɔtɔ a yɛda mu

la bolsa de dormir

ntomadan

la carpa

nsɛm dema wɔn a wɔkɔ
nsrahwɛ

la información turística

mpoano

la playa

kaade a yɛde yi sika

la tarjeta de crédito

anɔpa aduane

el desayuno

awua aduane

el almuerzo

anwumerɛ aduane

la cena

tiket

el pasaje

pegya

el ascensor

stamp

el sello

ɛhyeɛ so

la frontera

kutɔmfoɔ

la aduana

embasi

la embajada

visa

la visa

passpɔt

el pasaporte

akɔneabadie
el transporte

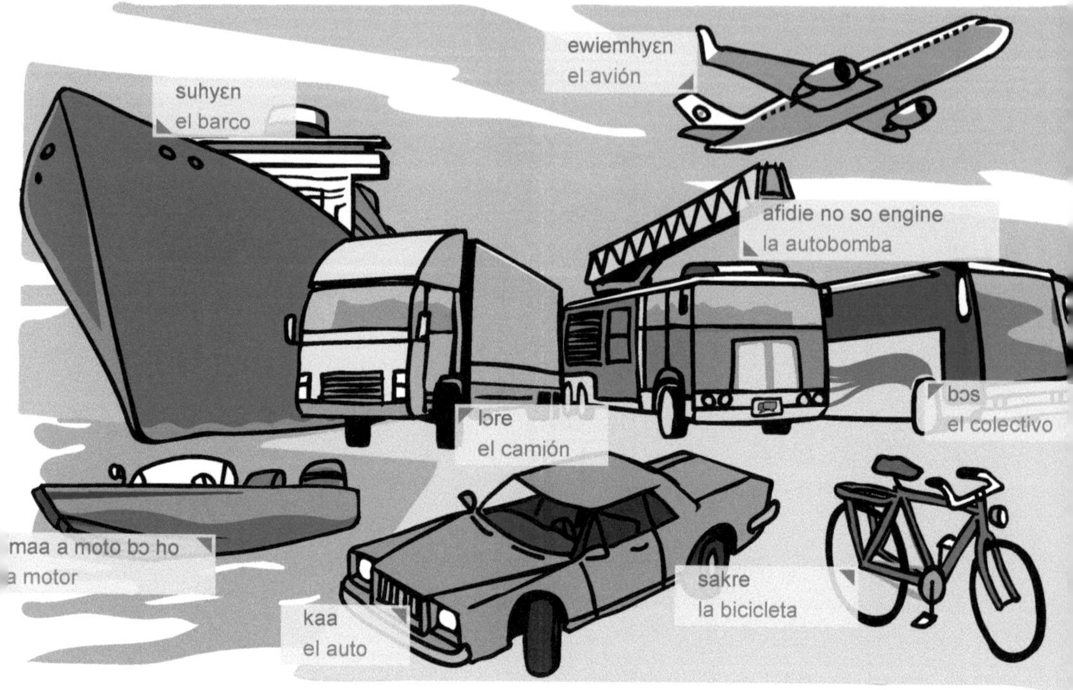
ewiemhyɛn
el avión
suhyɛn
el barco
afidie no so engine
la autobomba
bɔs
el colectivo
lɔre
el camión
maa a moto bɔ ho
a motor
sakre
la bicicleta
kaa
el auto

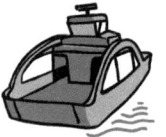

hyɛma

el ferry

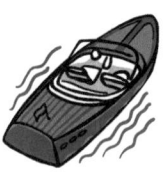

suhyɛn kumaa

el bote

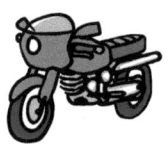

motosakre

la moto

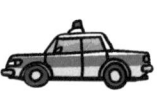

polisifoɔ kaa

el patrullero

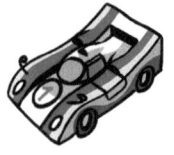

kaa a ɛkɔ mirika akansie

el auto de carreras

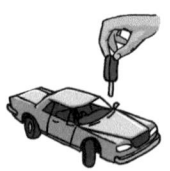

kaa a yɛde ma ahan

el auto de alquiler

wɔre kyɛ kaa

el alquiler de autos

lɔre a asɛeɛ

la grúa

bɔɔla kaa

el camión de la basura

moto

el motor

pɛtro

la nafta

baabi a yɛbu pɛtro

la estación de servicio

trafik ahyɛnsodeɛ

la señal de tránsito

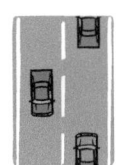

trafik

el tránsito

trafik akye

el embotellamiento

baabi a yɛde kaa esi

el estacionamiento

keteke gyinabea

la estación de tren

keteke kwan

las vías

keteke

el tren

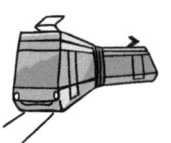

tram

el tranvía

ponkɔ kaa

el vagón

helikopta

el helicóptero

ewiemhyɛnbea

el aeropuerto

abansoro

la torre

apasingyani

el pasajero

tontowa

el contenedor

adaka

la caja de cartón

kaate

la carretilla

kɛntɛn

la canasta

atu / asi fam

despegar / aterrizar

kuro kɛseɛ

la ciudad

akurase

el pueblo

kuro dwaberɛ mu

el centro de la ciudad

efie

la casa

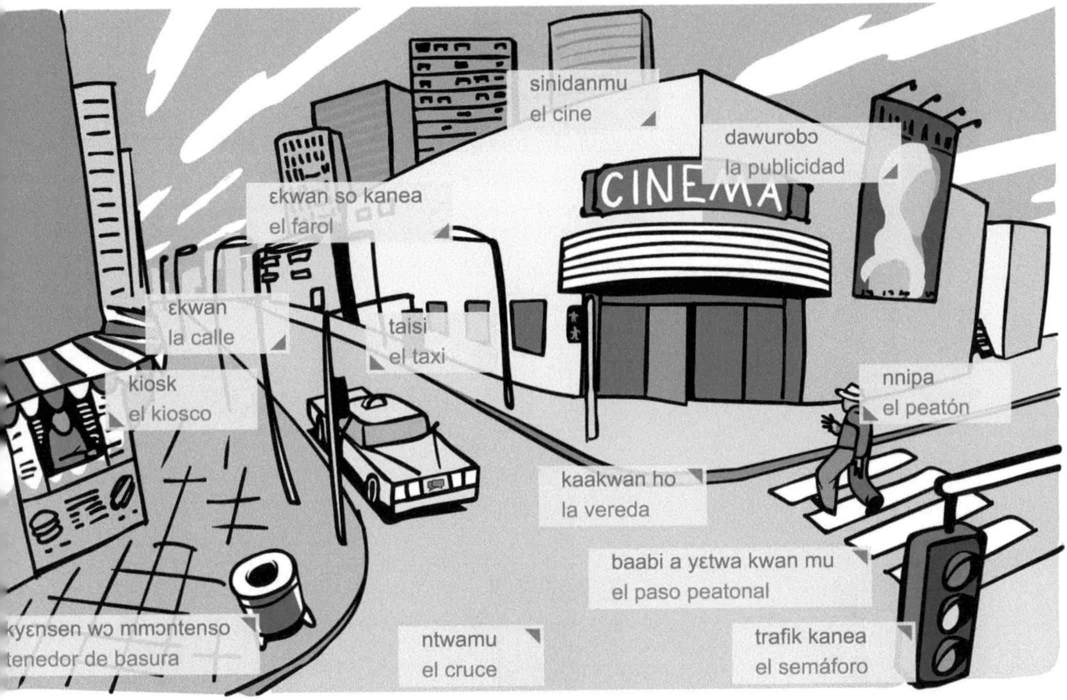
sinidanmu
el cine
dawurobɔ
la publicidad
CINEMA
ɛkwan so kanea
el farol
ɛkwan
la calle
taisi
el taxi
kiosk
el kiosco
nnipa
el peatón
kaakwan ho
la vereda
baabi a yɛtwa kwan mu
el paso peatonal
kyɛnsen wɔ mmɔntenso
tenedor de basura
ntwamu
el cruce
trafik kanea
el semáforo

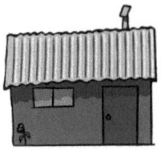

apata

la cabaña

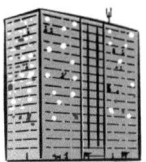

efie

el departamento

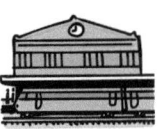

keteke gyinabea

la estación de tren

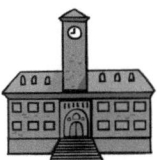

adwaberɛm

la municipalidad

MUSEUM

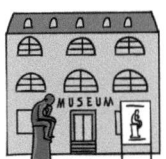

bea a yɛ kora tete nneɛma

el museo

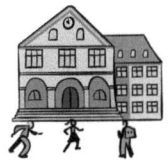

sukuu

el colegio

suapɔn

la universidad

sikakrobea

el banco

ayaresabea

el hospital

ahɔhogyebea

el hotel

famasi

la farmacia

asoeɛ

la oficina

sotɔɔ a wotɔn nwoma

la librería

sotɔɔ

el negocio

baabi yɛtɔn nhwiren

la florería

sotɔɔpɔn

el supermercado

edwam

el mercado

sotɔɔ kɛseɛ

las grandes tiendas

baabi a yɛtɔn mpataa

la pescadería

dwadibea kɛseɛ

el centro comercial

suhyɛn gyinabea

el puerto

baabi kaa gyina
el parque

bɛnkye
el banco

ɛtwene
el puente

atwedeɛ
las escaleras

asaase ase
el subte

ɛbɔn
el túnel

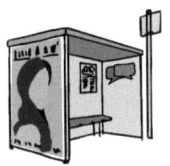

baabi a bɔs gyina
la parada del colectivo

nsanombea
el bar

adidibea
el restaurante

lɛta adaka
el buzón

ɛkwan so akwankyerɛ
el letrero

baabi kaa gyina ho mita
el parquímetro

zoo
el zoológico

nsuo a yɛ dware mu
la pileta

nkramodan
la mezquita

afuo

la granja

deɛ egu mmɔnten so fi

la contaminación

asieɛ

el cementerio

asɔre

la iglesia

agodibea

los juegos infantiles

asɔre dan

el templo

mmɔnten so asiesie
el paisaje

ahaban
la hoja

sanbɔd
el poste indicador

kwan
el camino

asaase a ɛsere wɔ so
la pradera

boba
la piedra

ɔnantefoɔ
el excursionista

dua
el árbol

asubɔnten
el río

ɛsere
la hierba

nhwiren
la flor

amenamu

el valle

bepɔ

la montaña

tadeɛ

el lago

kwaeɛ

el bosque

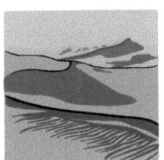

ɛserɛ so

el desierto

egya a efri botan mu

el volcán

abankɛseɛ

el castillo

nyankontɔn

el arco iris

emere

el champiñón

abɛtene

la palmera

ntomntom

el mosquito

tu

la mosca

ntɛtea

la hormiga

wowa

la abeja

ananse

la araña

amankuo

el escarabajo

apɔnkyerɛni

la rana

opuro

la ardilla

apɛsɛ

el erizo

adanko

la liebre

patuo

la lechuza

anomaa

el pájaro

nsuo mu dabodabo

el cisne

kɔkɔte

el jabalí

adoa

el ciervo

ɔtweenini

el alce

dam

la presa

wind turbine afidie

el aerogenerador

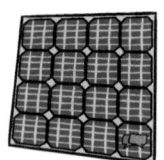

afidie a ɛkye awia

el panel solar

wiem nsakraeɛ

el clima

adidibea

el restaurante

ɔsom adidieɛ
el mozo
aduane a ɛwɔ hɔ
el menú
akonwa
la silla
nkwan
la sopa
pisa
la pizza
ntoma a ɛse pono so
el mantel
ntere a yɛde didi
los cubiertos

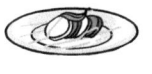

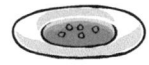

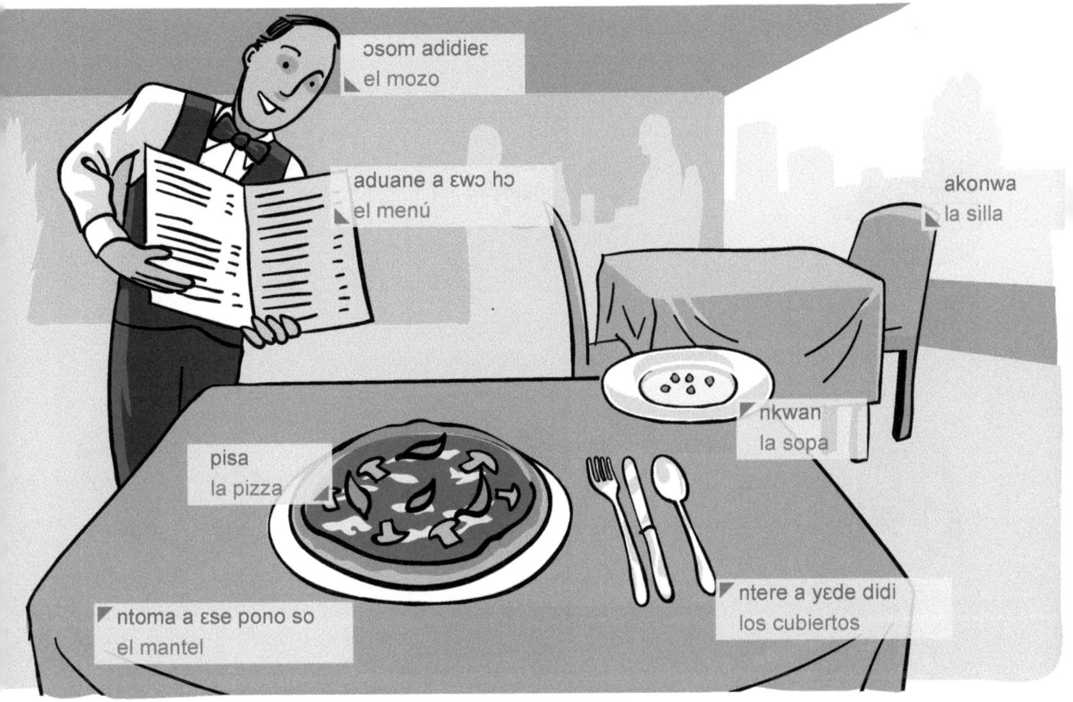

mprampra anom

la entrada

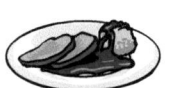

aduane no ankasa

el plato principal

mpa anom

el postre

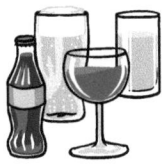

nsa

las bebidas

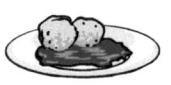

aduane

la comida

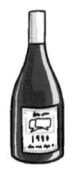

toa

la botella

aduane hyewhyew

la comida rápida

abɔnten so aduane

la comida callejera

tii kukuo

la tetera

asikyire konko

la azucarera

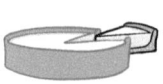

wo kyɛfa

la porción

espresso afidie

la cafetera expreso

akonwa tenten

la sillita alta

wo ka

la cuenta

apanpan

la bandeja

sekan

el cuchillo

adinam

el tenedor

atere

la cuchara

atere ketewa

la cucharita

napkin a yɛde pepa ano

la servilleta

glase

el vaso

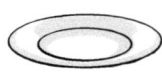

prɛte

el plato

kwan kyɛnsee

el plato hondo

prɛte ketewa

el plato

abomu

la salsa

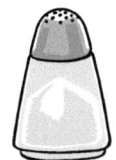

nkyene kukuo

el salero

yɛde yam mako

el molinillo de pimienta

fenega

el vinagre

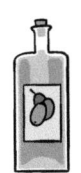

anwa

el aceite

aduhwam

las especias

kɛkyɔp

el kétchup

mustad

la mostaza

mayones

la mayonesa

sotɔɔpɔn

el supermercado

ntesoɔ soronko
la oferta especial
FOR
adetɔfoɔ
el cliente
nanatwie nufusuo
los lácteos
aduaba
la fruta
hwiili
el changuito

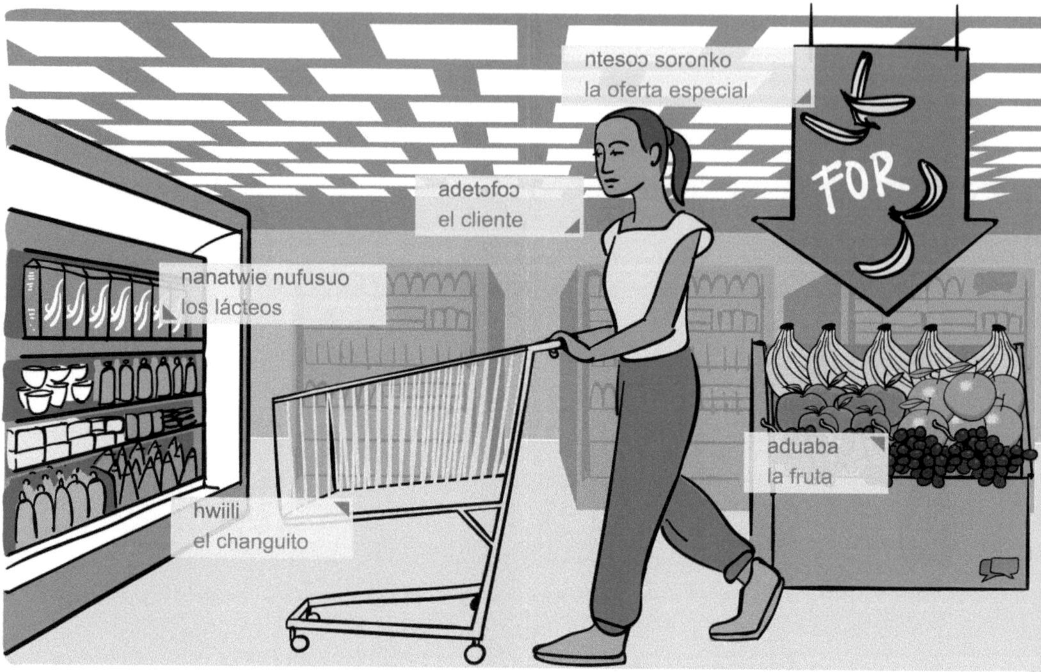

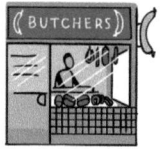

BUTCHERS
baabi a yɛtɔn nam

la carnicería

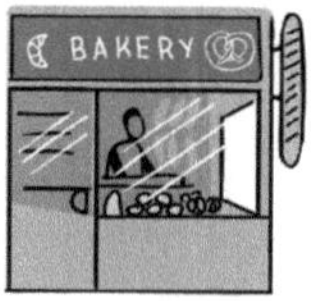

BAKERY
baabi a yɛtɔn paano

la panadería

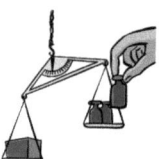

susu

pesar

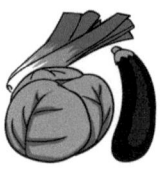

atosodeɛ

las verduras

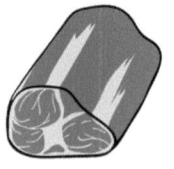

nam

la carne

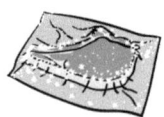

frigyemu aduane

los alimentos congelados

nam a adwɔɔ

los fiambres

kyɛnsee mu aduane

los alimentos enlatados

paoda samena

el detergente en polvo

adedɔkɔdɔkɔ

las golosinas

efie nneɛma

los electrodomésticos

adetɔneɛ a yɛde pepa fin

los productos de limpieza

nnipa a ɔtɔn adeɛ

la vendedora

afidie a egye sika

la caja

ɔgyegye sika

el cajero

krataa a wodi rekɔ di dwa

la lista de compras

berɛ a wɔde bua

el horario de atención

sikabotɔ

la billetera

kaade a yɛde yi sika

la tarjeta de crédito

baage

la cartera

rɔba baage

la bolsa de plástico

sotɔɔpɔn - el supermercado

21

nsa

el agua

aduaba mu nsuo

el jugo

nufusuo

la leche

kok

la bebida cola

wain nsa

el vino

biya

la cerveza

mmorosa

el alcohol

kokoo

el cacao

tii

el té

kofe

el café

espresso

el café expreso

kapukyino

el cappuccino

kwadu

la banana

apol

la manzana

ankaa

la naranja

melon

el melón

akutɔ

el limón

karɔt

la zanahoria

garlik

el ajo

pampro

el bambú

gyeene

la cebolla

mmere

el champiñón

nkateɛ

las nueces

talia

los fideos

spageti

los tallarines

ɛmo

el arroz

salad

la ensalada

kyipis

las papas fritas

abrɔdwomaa a y'akye

las papas fritas

pisa

la pizza

hambɔga

la hamburguesa

sanwekye

el sándwich

nam a dompe nnim

el churrasco

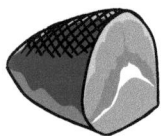

preko nam

el jamón

nam a y'ahata

el salame

sɔsege

la salchicha

akokɔ

el pollo

toto

el asado

apataa

el pescado

oosu koko

los copos de avena

muesli

el muesli

konflese

los copos de maíz

esam

la harina

krossant

la medialuna

paano a y'abobɔ

el pancito

paano

el pan

paano a y'atoto

la tostada

biskete

las galletitas

bɔta

la manteca

nufusuo a ada

la cuajada

keeke

la torta

kosua

el huevo

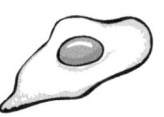

kosua a y'akyeɛ

el huevo frito

kyiis

el queso

asskrim

el helado

asikyire

el azúcar

ɛwoɔ

la miel

gyaam

la mermelada

kyokolete

la pasta de chocolate

kɔri

el curry

afuo
la granja

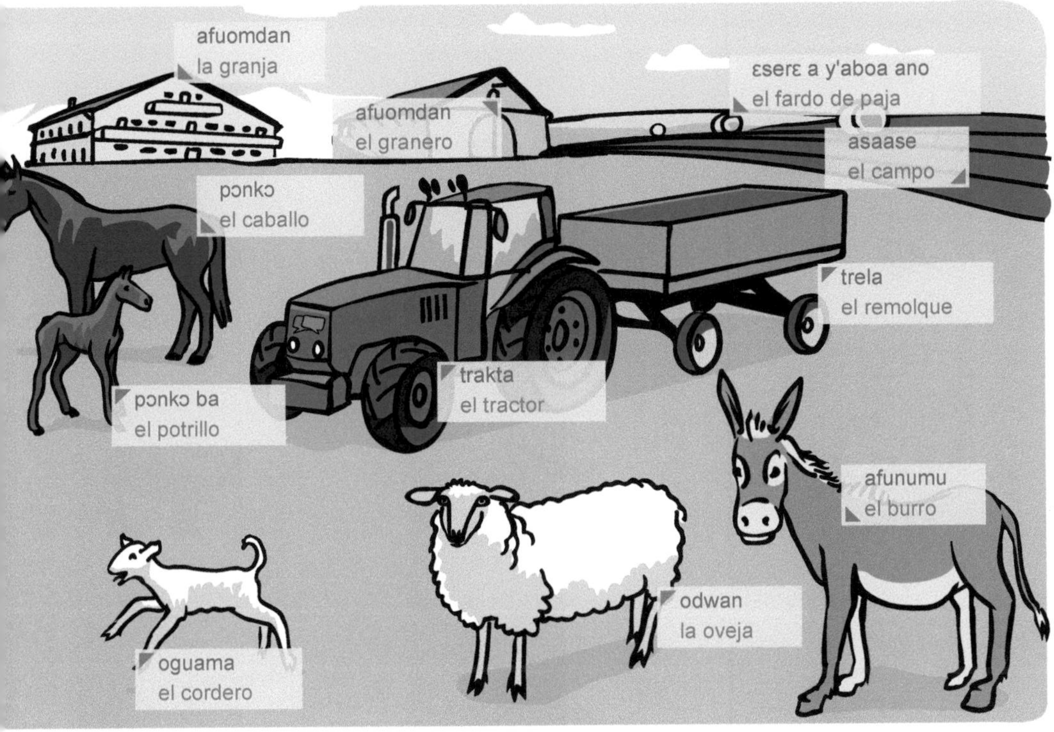
afuomdan
la granja
afuomdan
el granero
ɛserɛ a y'aboa ano
el fardo de paja
asaase
el campo
pɔnkɔ
el caballo
trela
el remolque
trakta
el tractor
pɔnkɔ ba
el potrillo
afunumu
el burro
odwan
la oveja
oguama
el cordero

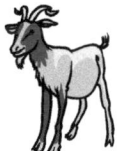

apɔnkye

la cabra

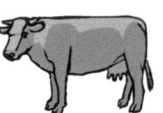

nantwie

la vaca

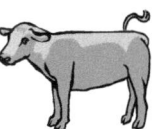

nantwie ba

el ternero

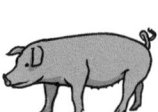

prɛko

el cerdo

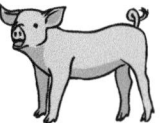

prɛko ba

el lechón

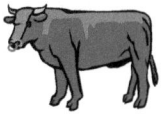

nantwinini

el toro

dabodabo nua

el ganso

dabodabo

el pato

akokɔba

el pollo

akokɔbedeɛ

la gallina

akokɔnini

el gallo

kusie

la rata

ɔkra

el gato

akura

el ratón

nantwinini

el buey

kraman

el perro

kraman buo

la cucha

afuom drobɛn

la manguera

tontora a yɛde gu nsuo

la regadera

sekan a yɛde twa aburo

la guadaña

funtum dadeɛ

el arado

kɔntɔnkrɔ

la hoz

asɔ

la azada

afuom adinam

la horquilla

akuma

el hacha

hweebaro

la carretilla

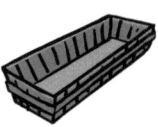

adidika

el abrevadero

nufusuo konko

la lechera

bɔtɔ

la bolsa

ɛban

la reja

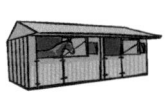

pɔnkɔ dan

el establo

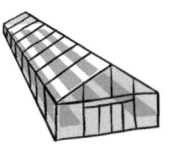

ntomadan a yɛyɛ mu afuo

el invernadero

anwea

el suelo

aba

la semilla

ɔyɛ asaaseyie

el fertilizador

otwaberɛ trakta

la cosechadora

twa

cosechar

otwaberɛ

la cosecha

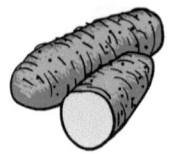

bayerɛ

las batatas

ayuo

el trigo

soya

la soja

abrɔdwomaa

la papa

aburo

el maíz

repu aba

la semilla de colza

dua a ɛso aba

el árbol frutal

bankye

la mandioca

aburo asefoɔ

los cereales

efie
la casa

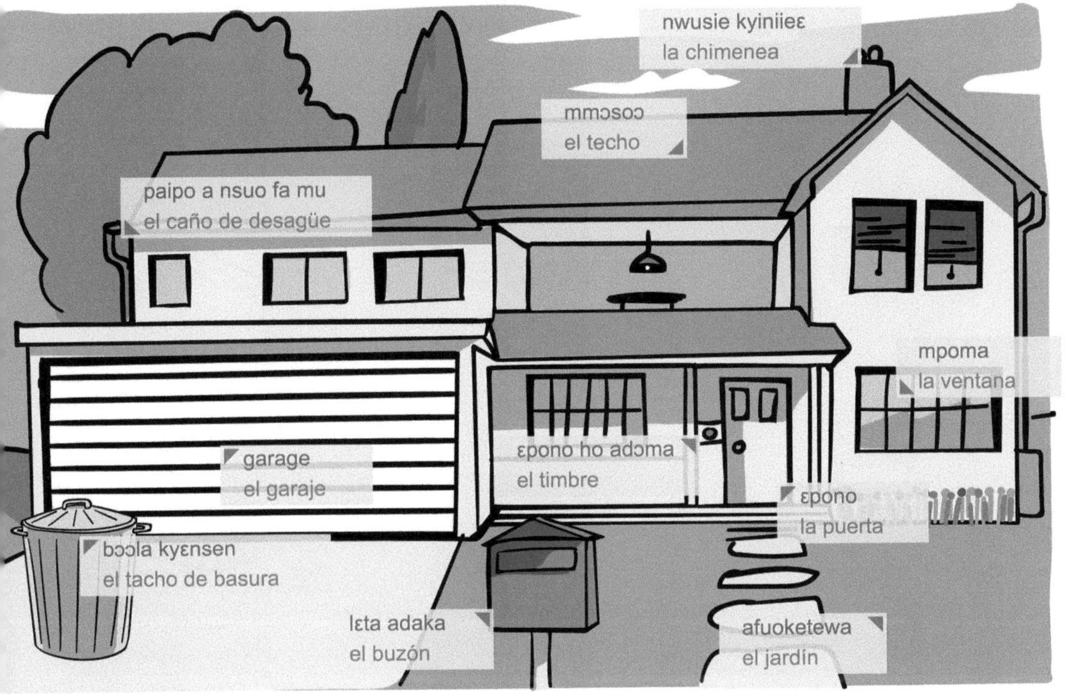
nwusie kyiniieɛ
la chimenea
mmɔsoɔ
el techo
paipo a nsuo fa mu
el caño de desagüe
mpoma
la ventana
garage
el garaje
ɛpono ho adɔma
el timbre
ɛpono
la puerta
bɔɔla kyɛnsen
el tacho de basura
lɛta adaka
el buzón
afuoketewa
el jardín

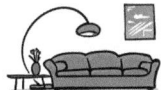

asaso

el living

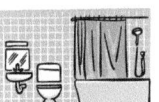

adwareɛ

el baño

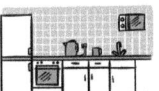

mukaase

la cocina

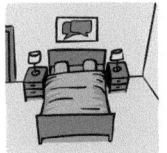

pie mu

el dormitorio

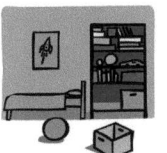

nkwadaa dan mu

el cuarto de los chicos

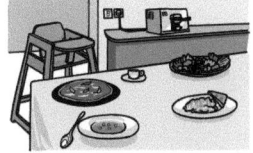

dan a yɛdidi mu

el comedor

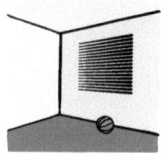

εfam

el piso

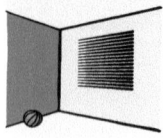

εban

la pared

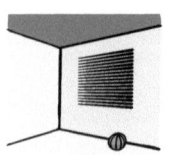

abruuso

el cielorraso

danbloo

el sótano

adwereε a εbɔ ɔhyew

el sauna

abranaa

el balcón

abranaaso

la terraza

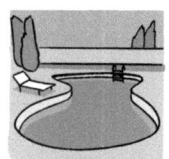

nsuo a yεdware mu

la pileta

afidie a yεde dɔ

la cortadora de pasto

nsεfam

la sábana

ntoma a εse kεtε so

el acolchado

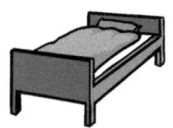

mpa

la cama

prayε

la escoba

bokiti

el balde

dane

el interruptor

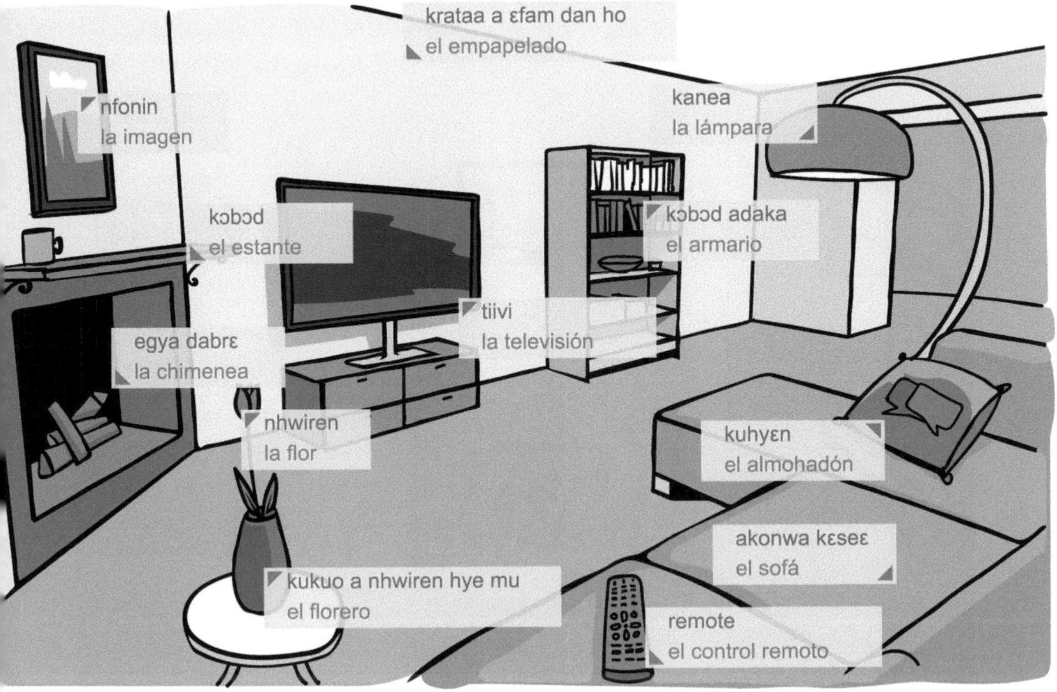

krataa a ɛfam dan ho
el empapelado

nfonin
la imagen

kanea
la lámpara

kɔbɔd
el estante

kɔbɔd adaka
el armario

egya dabrɛ
la chimenea

tiivi
la televisión

nhwiren
la flor

kuhyɛn
el almohadón

akonwa kɛseɛ
el sofá

kukuo a nhwiren hye mu
el florero

remote
el control remoto

kapɛte

la alfombra

ntwaa dan mu

la cortina

ɛpono

la mesa

akonwa

la silla

akonwa a ehinhim

la mecedora

akonwa a yɛgyegye dan

el sillón

nwoma

el libro

kuntu

la frazada

dan mu nsiesie

la decoración

egya

la leña

sini

la película

wailɛs

el equipo de música

safoa

la llave

koowaa krataa

el diario

nfonin a y'adwi

la pintura

nfam danho

el póster

radio

la radio

krataa a yɛ twere mu

el cuaderno

afidie a ɛprapra

la aspiradora

kaktus

el cactus

kyɛnere

la vela

mukaase
la cocina

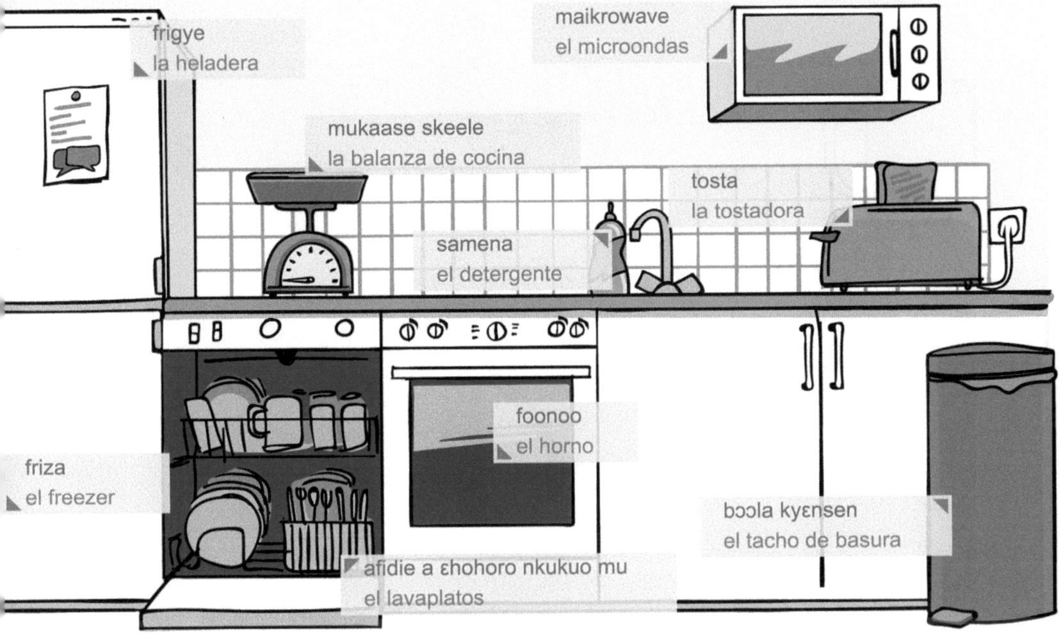
frigye
la heladera
maikrowave
el microondas
mukaase skeele
la balanza de cocina
tosta
la tostadora
samena
el detergente
foonoo
el horno
friza
el freezer
bɔɔla kyɛnsen
el tacho de basura
afidie a ɛhohoro nkukuo mu
el lavaplatos

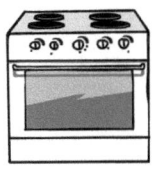

abɛɛfo bukyea
la cocina

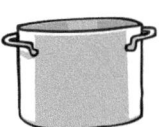

kokuo
la olla

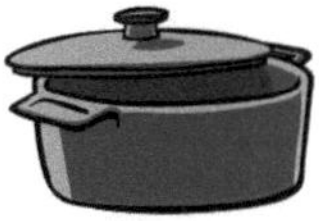

dadesɛn
la olla de hierro fundido

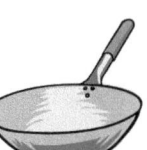

wok / kadai
el wok

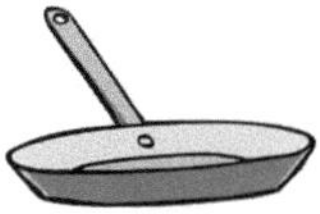

kyɛnsee
la sartén

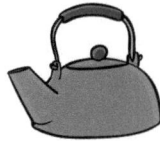

nsuo hyeɛ afidie
la pava

stiima

la vaporera

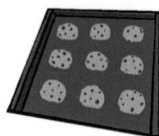

apa a yɛ to so adeɛ

la bandeja de horno

prɛte, kuruwa, ntere ne nea ɛkeka ho

la vajilla

kuruwa a etumi bɔ

la taza

kyɛnsee

el bol

nnua a yɛde didi

los palitos

kwantre

el cucharón

dua atere

la espátula

yɛde nu adeɛ mu

la batidora

sɔneɛ

el colador

fefe

el colador

greta

el rallador

waduro

el mortero

kyinkyinga

la parrilla

bukyea

la fogata

ɔpono a yɛ twitwaso adeɛ

la tabla de picar

ɛta

el palo de amasar

deɛ yɛtu nsa so

el sacacorchos

konko

la lata

deɛ yɛde bue konko so

el abrelatas

yɛde sɔ kukuo mu

la manopla

sink

la pileta

brɔhye

el cepillo

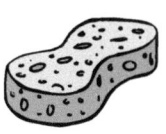

sapɔ

la esponja

aduane yam fidie

la batidora

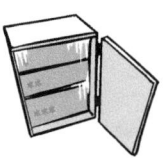

friza nini

el congelador

toa a abɔdoma nom ano

la mamadera

paipo

la canilla

mukaase - la cocina

adwareɛ

el baño

ɔhyewbɔ
la calefacción
hyawa
la ducha
bɔɔloba
la toalla
ntoma etwa hyawa mu
la cortina de la ducha
ahuro a yɛdware mu
el baño de espuma
pan a yɛdware mu
la bañadera
glase
el vaso
afidie a esi nnɛma
el lavarropas
paipo
la canilla
tiailse
las baldosas
kuraba
la pelela
sink
la pileta

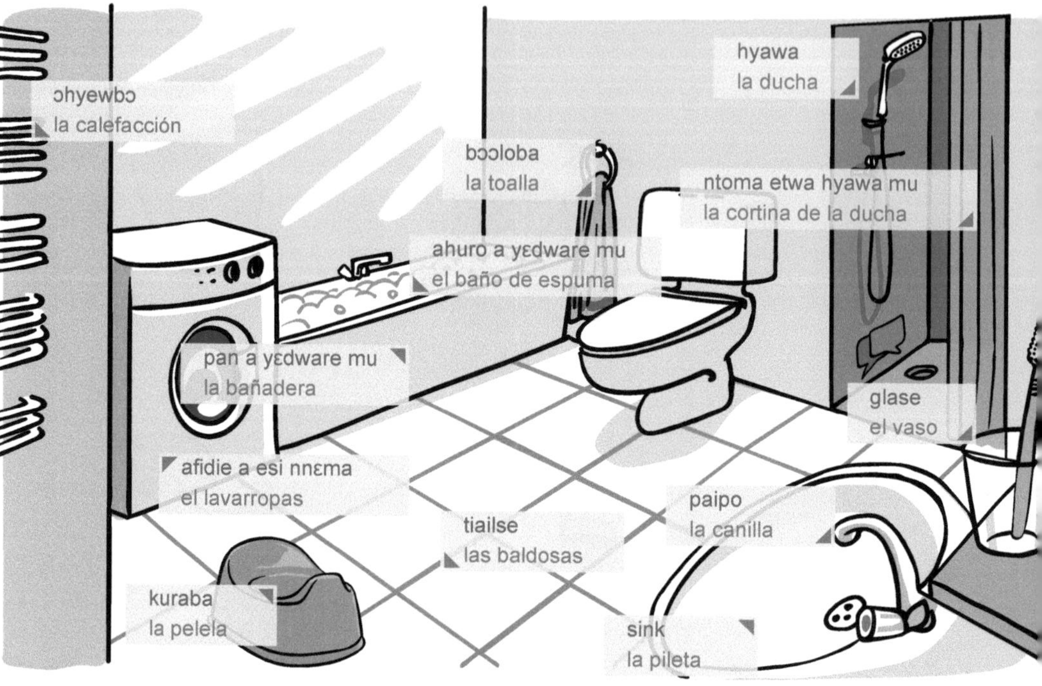

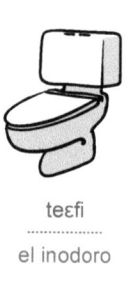

teɛfi

el inodoro

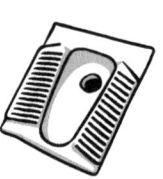

teɛfi a yɛ koto so

la letrina

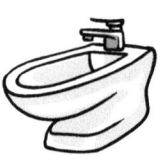

bidet teɛfi

el bidé

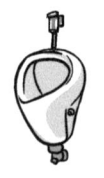

dwonsɔ dan

el mingitorio

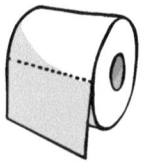

teɛfi so krataa

el papel higiénico

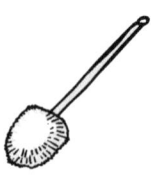

teɛfi so brɔhye

el cepillo para el inodoro

brɔhye a yɛde twitwiri see

el cepillo de dientes

aduro a yɛde twitwiri see

el dentífrico

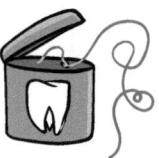

yɛde yiyi ɛsee mu

el hilo dental

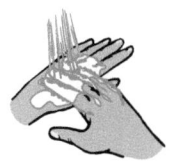

si

lavar

hyawa a yɛsɔ mu

la ducha de mano

paipo a yɛde hohoro
ananmu

la ducha higiénica

bokiti

la palangana

brɔhye a wode dware w'akyi

el cepillo para la espalda

samena

el jabón

hyawa samena

el gel de ducha

nsuo samena

el shampoo

flanɛl ntoma

la toallita

baabi a nsu fa pue

el desagüe

nku

la crema

yɛde fefa amotoamu

el desodorante

ahwehwɛ

el espejo

ahwehwɛ a yɛsɔ mu

el espejito

bled

la maquinita de afeitar

ahuro a yɛde yi nwi

la espuma de afeitar

aduro a yɛde fefa baabi a wo ayi nwi

el aftershave

afen

el peine

brɔhye

el cepillo

afidie a ɛwo nwi

el secador de pelo

enwi sopre

el spray

pɔns

el maquillaje

lipstike

el lápiz de labios

penti a yɛde mɔreɛ so

el esmalte para uñas

asaawa

el algodón

apasɔɔ a etwa mmɔreɛ

la tijera para uñas

aduhwam

el perfume

adwareɛ baage
....
el portacosméticos

edwa
....
la banqueta

skele
....
la balanza

adwereɛ ataadeɛ
....
la bata

rɔba a yɛde hyɛ nsa ho
....
los guantes de goma

tampon
....
el tampón

abɛɛfo amonsen
....
la toallita femenina

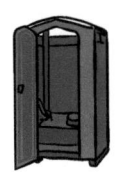

teɛfi a aduro gum
....
el baño químico

nkwadaa dan mu

el cuarto de los chicos

klɔk a ɛbɔ nkaeɛ
el despertador
kyoobi
el peluche
toi kaa
el coche de juguete
akasaa
el sonajero
broniba dan
la casa de muñecas
seeseiara
el regalo

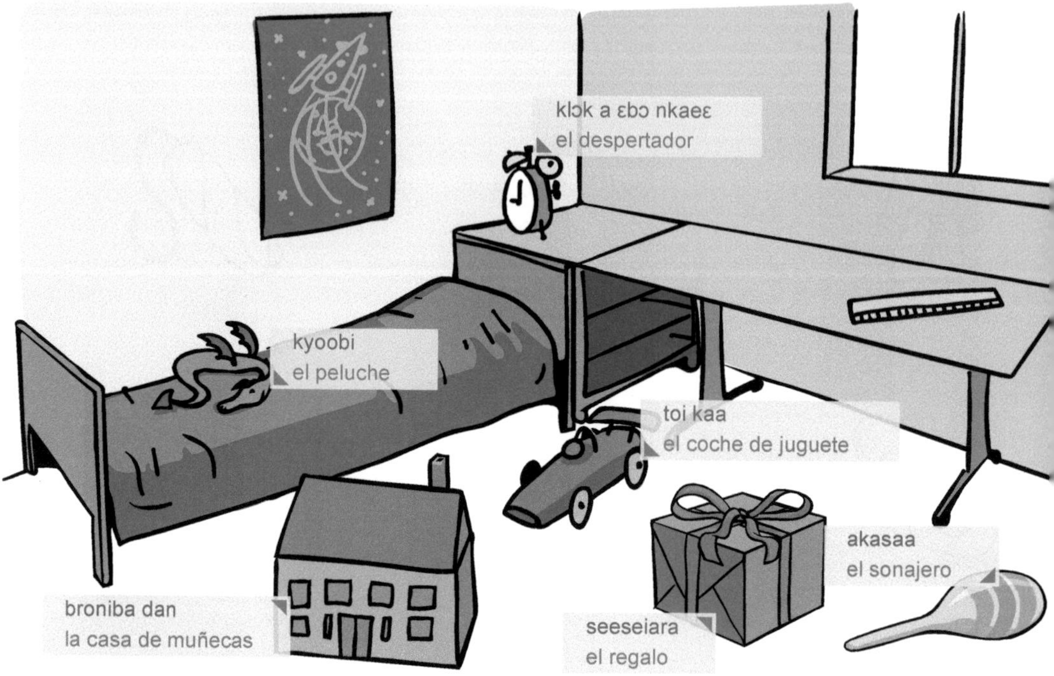

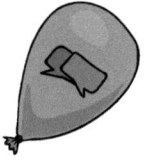

baaluu

el globo

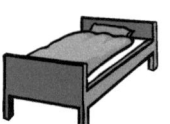

mpa

la cama

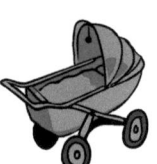

nkwadaa kaa

el cochecito

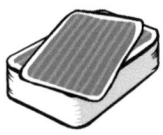

sopaa

las cartas

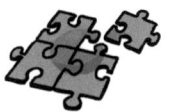

gyiksɔɔ

el rompecabezas

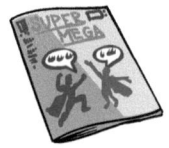

nsɛnkwa

la historieta

lego blɔg

las piezas de lego

blɔg a yɛde si dan

los ladrillos de juguete

nnipa ɔbɔhye

la figura de acción

abɔdoma ataadeɛ

el enterito (de bebé)

frisbee

el frisbee

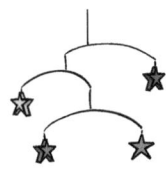

mobail

el móvil para bebés

ponoso agodie

el juego de mesa

daahye

los dados

nkwadaa keteke

el tren eléctrico

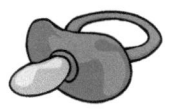

koliko

el chupete

apontoɔ

la fiesta

nfonin nwoma

el libro de cuentos ilustrado

bɔɔlo

la pelota

broniba

la muñeca

di agorɔ

jugar

anwea adaka

el arenero

adonko

la hamaca

tois

los juguetes

video agodie apaawa

la consola de videojuegos

sakre a ne nan mɛnsa

el triciclo

kyoobi

el osito de peluche

wɔdropo

el armario

ntaadeɛ

la ropa

sɔks

las medias

stokens

las medias panty

sekentait

las calzas

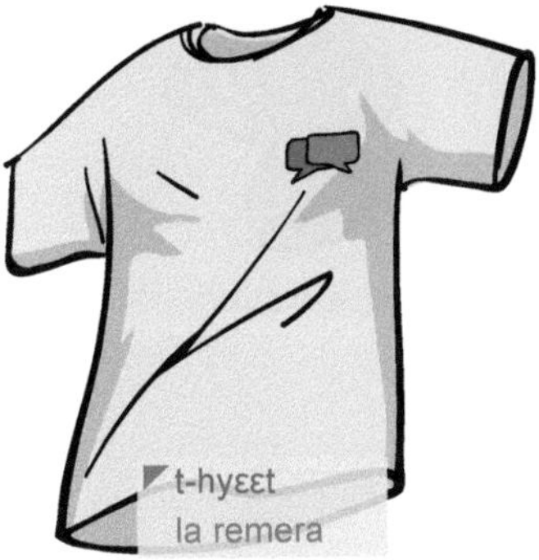

duku
la bufanda

kyinieɛ
el paraguas

t-hyɛɛt
la remera

bɛlɛte
el cinturón

mpaboa
las botas

kyalewate
las pantuflas

kamboo
las zapatillas

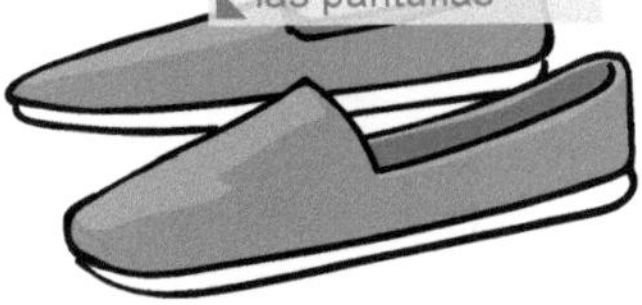

asopatre
las sandalias

mpoboa
los zapatos

rɔba mpaboa
las botas de goma

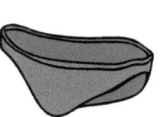

ɛtam
la ropa interior

bra
el corpiño

singlɛte
el chaleco

ntaadeɛ - la ropa

nipadua

el body

trɔsa

los pantalones

gyins

los jeans

sekɛɛt

la pollera

ɛsoro ataadeɛ

la blusa

hyɛɛte

la camisa

nkatoho a ɛko awɔ

el pulóver

hoodie

el buzo

koot

el blazer

nkatasoɔ

la campera

nkatasoɔ

el tapado

nsutɔ mu nkataho

el piloto

dwumadie bi ho ataadeɛ

el traje

mmaa atadeɛ

el vestido

ayefrɔ ataadeɛ

el vestido de novia

kootu

el traje

mmaa ataadeɛ a yɛde da

el camisón

pigyamas ataadeɛ

el pijama

sari

el sari

duku

el pañuelo para la cabeza

abotire

el turbante

burka

la burka

kaftan

el caftán

nkramofoɔ mmaa atadeɛ

la abaya

ntaadeɛ a yɛde dware nsuo

el traje de baño

asenemu ataadeɛ

el short de baño

nika

los shorts

agokansie ntaadeɛ

el jogging

akatasoɔ

el delantal

nsa nkataho

los guantes

botom

el botón

sopɛɛse

los anteojos

ahwneɛ

la pulsera

komadeɛ

el collar

kawa

el anillo

asomadeɛ

el aro

ɛkyɛ

la gorra

yɛde koot sɛn so

la percha

ɛkyɛ

el sombrero

abɔmene mu

la corbata

zip

el cierre

ɛkyɛ denden

el casco

bresis

los tiradores

sukuu ataadeɛ

el uniforme escolar

adwuma ataadeɛ

el uniforme

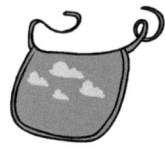

mmɔfra bib

el babero

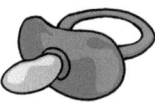

koliko

el chupete

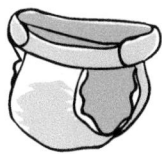

nkwadaa napken

el pañal

asoeɛ

la oficina

sɛɛva
el servidor
kabenɛt
el archivero
printa
la impresora
krataa
el papel
monita
el monitor
Maws
el mouse
ɛpono a yɛyɛ so adwuma
el escritorio
nhyemu
la carpeta
ntwerɛeɛ pono
el teclado
a yɛde krataa nwura gu mu
o (de basura)
akonwa
la silla
komputa
la computadora

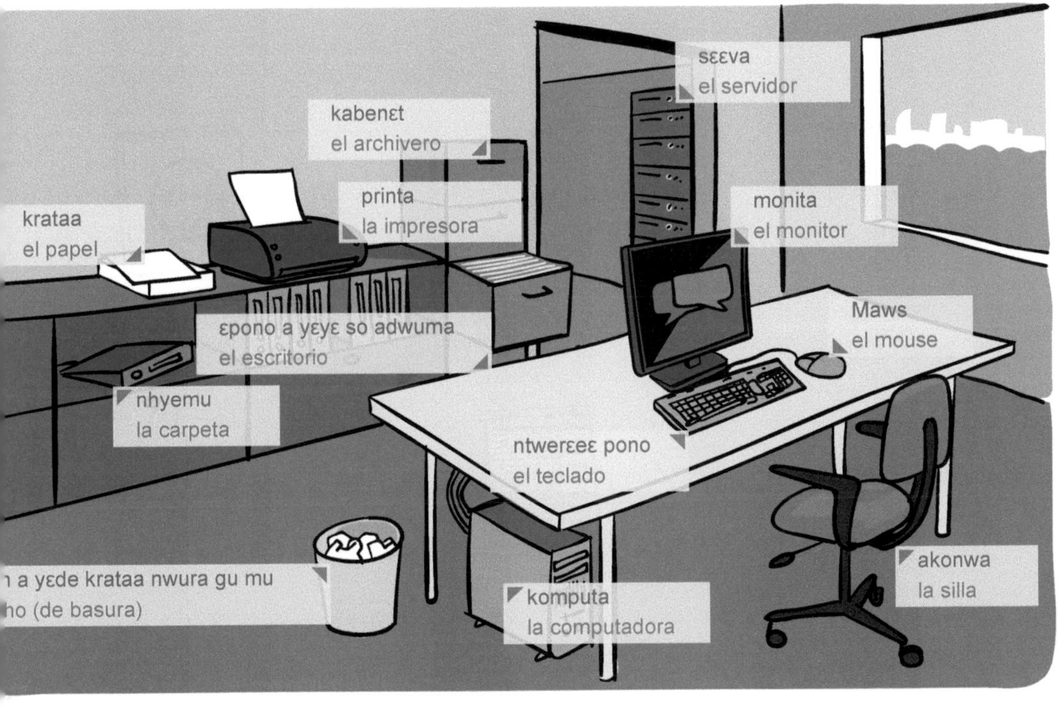

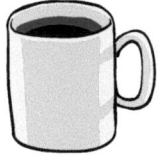

kɔfe kuruwa

la taza de café

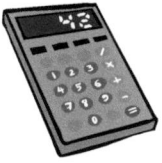

akontabuo fidie

la calculadora

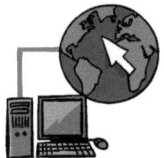

intanɛt

el internet

laptop

la laptop

lɛta

la carta

nkratɔɔ

el mensaje

mobail kasafidie

el celular

nɛtwɛke

la red

fotokɔpi

la fotocopiadora

softwɛɛ

el software

tetefon

el teléfono

sɔkɛt

el tomacorriente

faks afidie

el fax

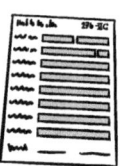

katraa

el formulario

nkrataa

el documento

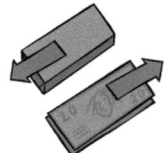

tɔ

comprar

tua

pagar

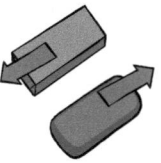

di dwa

hacer negocios

sika

el dinero

dollar

el dólar

euro

el euro

yen

el yen

rubel

el rublo

Swiss franks

el franco suizo

renminbi yuan

el yuan

rupii

la rupia

baabi yɛtua sika

el cajero automático

baabi a yɛ sesa sika

la casa de cambio

sika kɔkɔɔ

el oro

dwetɛ

la plata

now

el petróleo

ahɔɔden

la energía

ne boɔ

el precio

kontragye

el contrato

ɛtoɔ

el impuesto

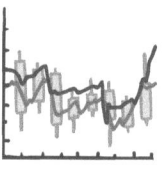

stɔk

la acción

adwuma

trabajar

adwumayɛni

el empleado

adwumawura

el empleador

mfididwuma mu

la fábrica

sotɔɔ

el negocio

nwuma ahodoɔ
las ocupaciones

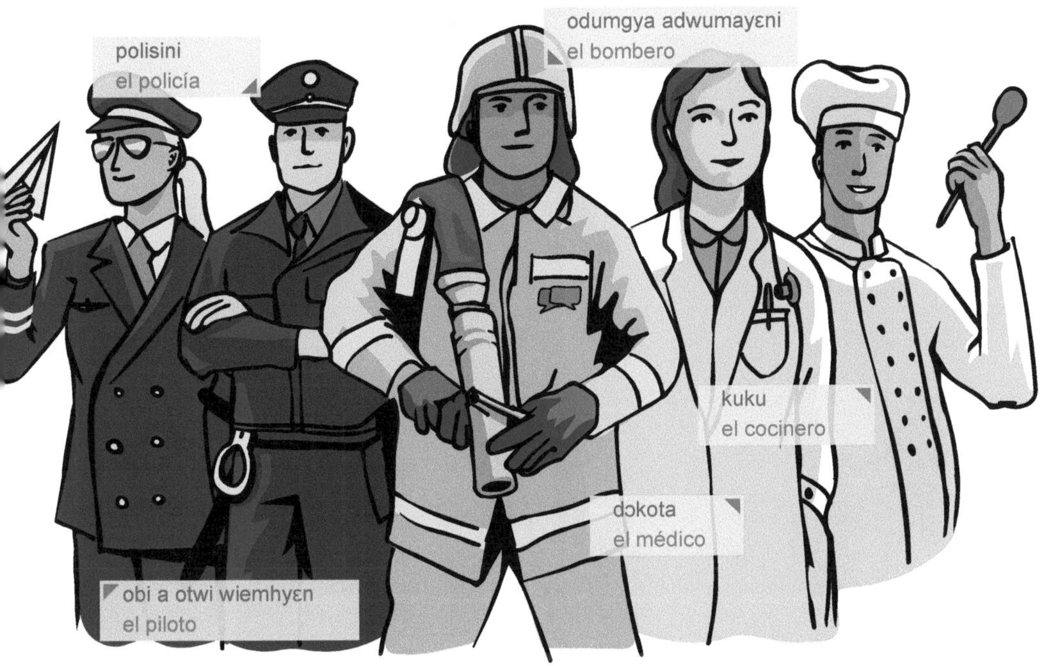
polisini
el policía
odumgya adwumayɛni
el bombero
kuku
el cocinero
dɔkota
el médico
obi a otwi wiemhyɛn
el piloto

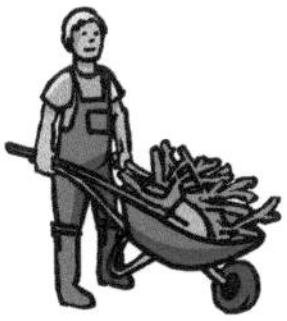

ɔyɛ afuo
el jardinero

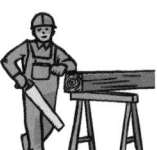

dua dwomfoɔ
el carpintero

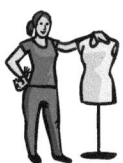

adepani baa
la modista

atɛnmuafoɔ
el juez

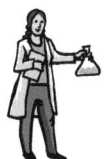

ɔtɔn nnuro
el farmacéutico

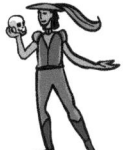

sini yɛfoɔ
el actor

bɔs drɔba

el colectivero

taisi drɔba

el taxista

ɔpofoɔ

el pescador

ɔbaa a osiesie fie

la mucama

ɔbɔdanso

el techista

ɔsom adidieɛ

el mozo

bɔmɔfoɔ

el cazador

penta

el pintor

ɔto paano

el panadero

ɔyɛ nkaneɛ ho adwuma

el electricista

ɔdansifoɔ

el albañil

inginia

el ingeniero

ɔdwa nam

el carnicero

plɔmba

el plomero

krataa manefoɔ

el cartero

sogyani

el soldado

ɔdwi adan

el arquitecto

ɔgyegye sika

el cajero

ɔtɔn nhwiren

el florista

ɔyɛ tire

el peluquero

meeti

el cobrador

fitani

el mecánico

nnipa a otwi suhyɛn

el capitán

ɛsee dɔkota

el dentista

abɔdeɛ mu nimdefoɔ

el científico

rabi

el rabino

kramo panin

el imán

ɔsɔfo

el monje

osɔfo

el sacerdote

anwenade
las herramientas

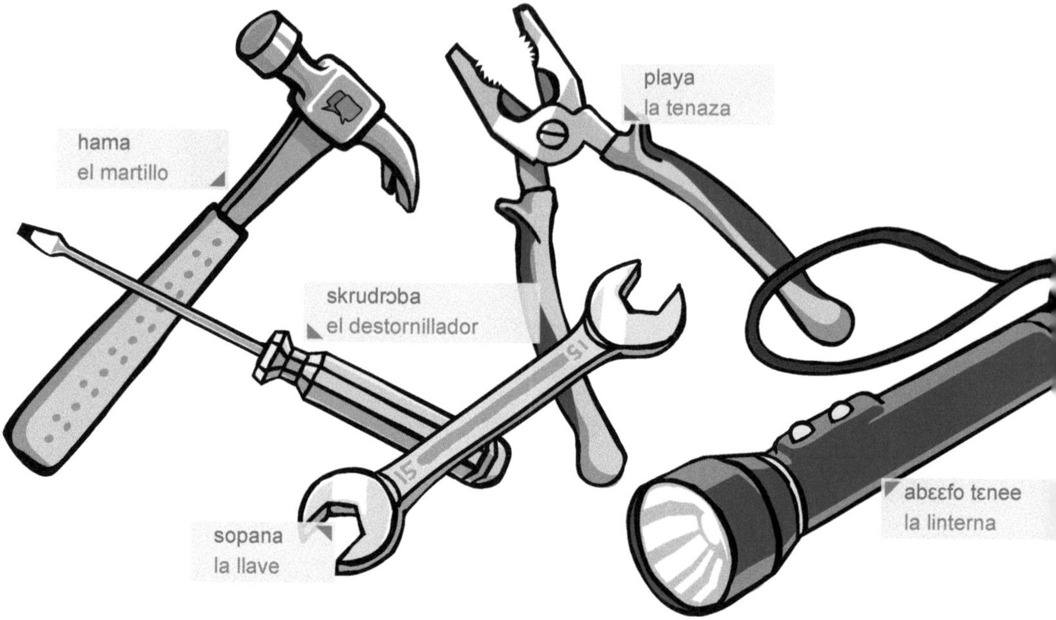
hama
el martillo
playa
la tenaza
skrudrɔba
el destornillador
sopana
la llave
abɛɛfo tɛnee
la linterna

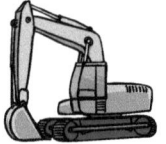

otu amena
la excavadora

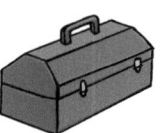

anwenade adaka
la caja de herramientas

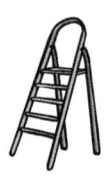

atwedeɛ
la escalera portátil

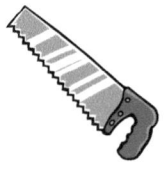

asradaa
la sierra

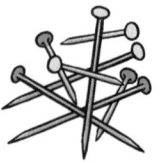

nnadewa
los clavos

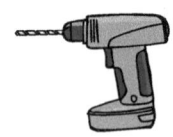

afidie a yɛde bɔne tokro
el taladro

siesie
arreglar

sofi
la pala de jardín

Ebei!
¡Qué bronca!

asanwura
la pala de plástico

penti kukuo
el tacho de pintura

skruu
los tornillos

nnɛɛma a yɛde bɔ nwom

los instrumentos musicales

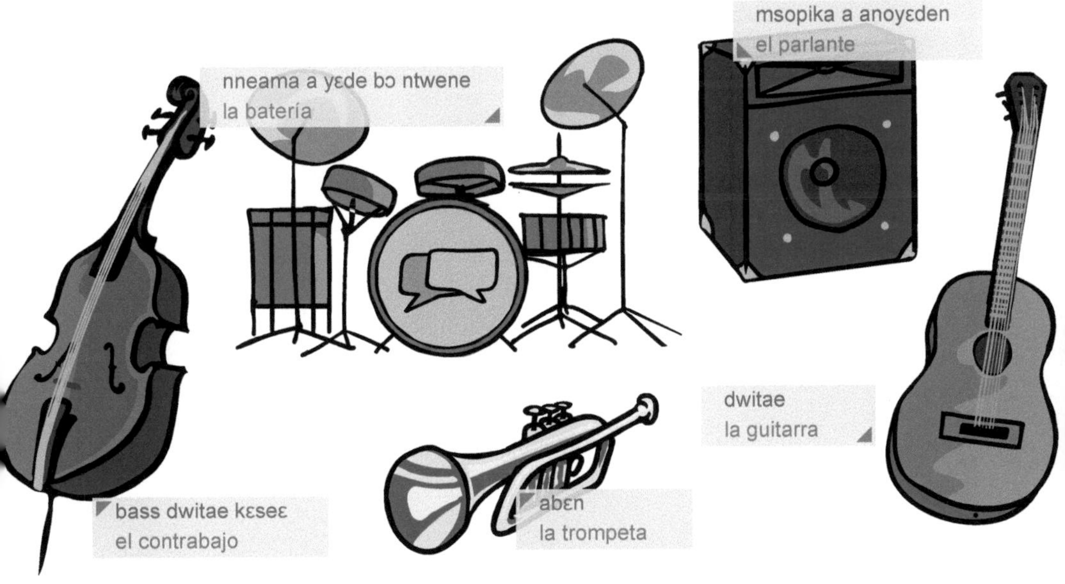

msopika a anoyɛden
el parlante

nneama a yɛde bɔ ntwene
la batería

dwitae
la guitarra

bass dwitae kɛseɛ
el contrabajo

abɛn
la trompeta

sankuo

el piano

ahoma sankuo

el violín

bass dwitae

el bajo

atumpan

los timbales

ntwene

el tambor

ntwerɛeɛ apa

el teclado

saksofon

el saxofón

atentenbɛn

la flauta

maikrofon

el micrófono

ɛpɔnɔ anɔ
la entrada

sɛbɔ
el tigre

mmoa dan
la jaula

zebra
la cebra

mmoa aduane
el alimento para animales

panda
el oso panda

mmoa

los animales

ɔsono

el elefante

kangaru

el canguro

raino

el rinoceronte

akatea

el gorila

sisire

el oso

afunupɔnkɔ

el camello

sohori

el avestruz

gyata

el león

adwee

el mono

flamingo

el flamenco

ako

el loro

awɔ mu sisire

el oso polar

penguin

el pingüino

oboodede

el tiburón

akɔkonini abankwa

el pavo real

wɔwɔ

la serpiente

dɛnkyɛm

el cocodrilo

nnipa ɛhwɛ zoo so

el cuidador del zoológico

nsuo mu gyata

la foca

sebɔ

el jaguar

ponkɔ ba

el poni

etwie

el leopardo

susuono

el hipopótamo

kɔntenten

la jirafa

ɔkɔdeɛ

el águila

kɔkɔte

el jabalí

apataa

el pescado

sudandan

la tortuga

walrus

la morsa

sakraman

el zorro

ɔtwee

la gacela

Amerikafoɔ futbɔɔlo
el fútbol americano

skre twie
el ciclismo

tennis
el tenis

basketbɔɔlo
el básquet

nsuom adwareɛ
la natación

akutruku
el boxeo

asukɔkyea so hɔki
el hockey sobre hielo

futbɔl
el fútbol

badmintin
el bádminton

mirikatuo
el atletismo

bɔɔlo a yɛde nsa bɔ
el handball

skii
el esquí

polo
el polo

sere
reír

huri
saltar

bam
abrazar

nante
caminar

to dwom
cantar

so daeɛ
soñar

bɔ mpaeɛ
rezar

fe ano
besar

twerɛ

escribir

dwi

dibujar

kyerɛ

mostrar

pia

presionar

ma

dar

fa

tomar

nya

tener

yɛ

hacer

yɛ

ser

gyina

estar parado

tu mirika

correr

twe

tirar

to

tirar

tɔ fam

caer

da hɔ

estar acostado

twɛn

esperar

soa

llevar

tenase

estar sentado

hyɛ ataadeɛ

vestirse

da

dormir

nyane

despertar

hwɛ

mirar

su

llorar

san ho

acariciar

nunum

peinar

kasa

hablar

te aseɛ

entender

bisa

preguntar

tie

escuchar

nom

beber

didi

comer

yɛ nsiesie

ordenar

ɔdɔ

amar

noa

cocinar

twi

manejar

tu

volar

fa nsuo so

navegar

sese

calcular

kenkan

leer

sua

aprender

adwuma

trabajar

ware

casarse

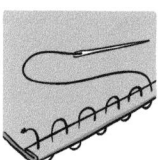

pam

coser

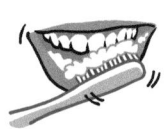

twitwiri wo se

cepillarse los dientes

kum

matar

nom gyot

fumar

mane

enviar

nana baa
la abuela

nana barima
el abuelo

papa
el padre

maame
la madre

abɔdoma
el bebé

ba baa
la hija

ba barima
el hijo

cɔhcɔɔ

el invitado

sewaa

la tía

wɔfa

el tío

nua barima

el hermano

nua baa

la hermana

nipadua

el cuerpo

moma
la frente
ani
el ojo
abɛtire
el hombro
nsatea
el dedo
anim
la cara
apantan
la pera
nsa
la mano
ɛnan
la pierna
nufoɔ
el pecho
nsa
el brazo

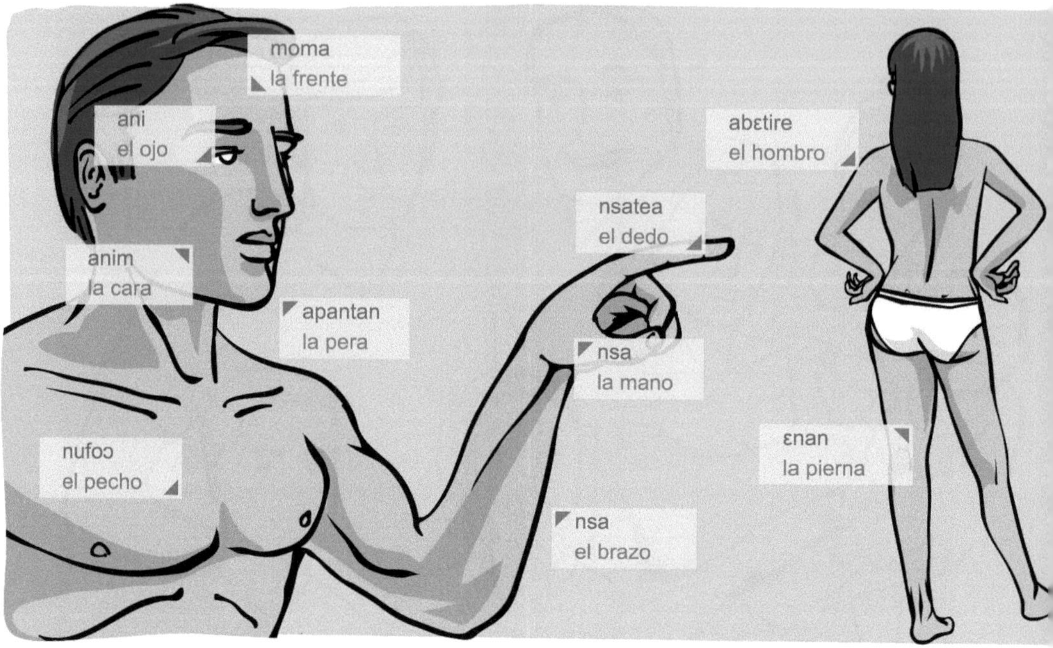

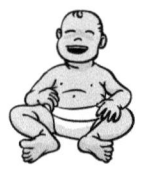

abɔdoma

el bebé

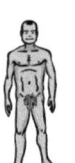

barima

el hombre

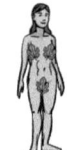

ɔbaa

la mujer

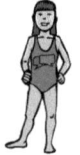

abayewa

la nena

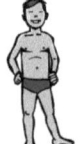

abarimawa

el nene

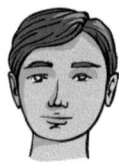

etire

la cabeza

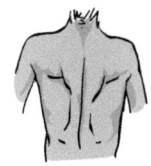

akyi

la espalda

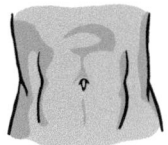

afro

la panza

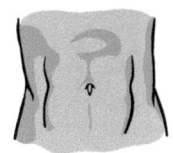

fruma

el ombligo

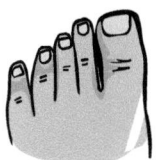

nansoa

el dedo del pie

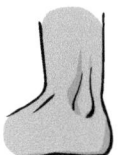

nantini

el talón

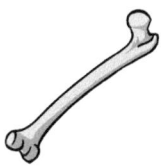

dompe

el hueso

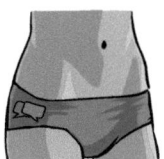

ataasɔɔ

la cadera

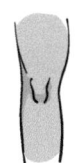

kotodwe

la rodilla

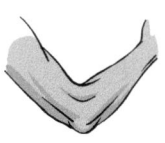

abatwɛ

el codo

ɛhwene

la nariz

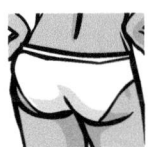

ɛtoɔ

la cola

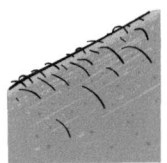

wedeɛ

la piel

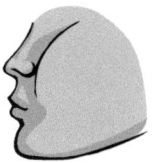

afono

el cachete

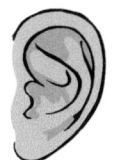

aso

la oreja

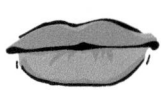

ano

el labio

anom

la boca

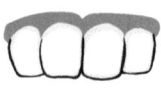

εsee

el diente

tεkyerεma

la lengua

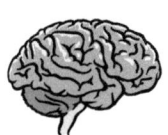

adwene

el cerebro

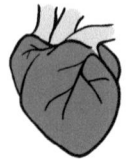

akoma

el corazón

ntini

el músculo

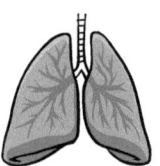

aharawa

el pulmón

brεbɔɔ

el hígado

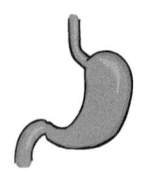

yafunu

el estómago

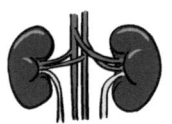

asaa

los riñones

nna

el sexo

kɔndɔm

el preservativo

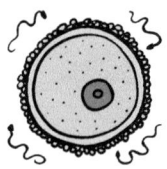

ɔbaa nkosua

el óvulo

barima ho nsuo

el semen

nyinsεn

el embarazo

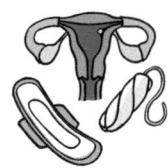

nsabuo

la menstruación

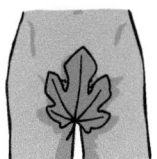

ɛtwɛ

la vagina

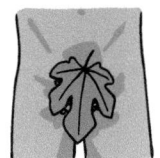

kɔteɛ

el pene

anintɔn

la ceja

enwin

el pelo

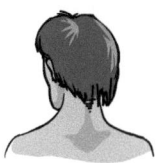

ɛkɔn

el cuello

ayaresabea
el hospital

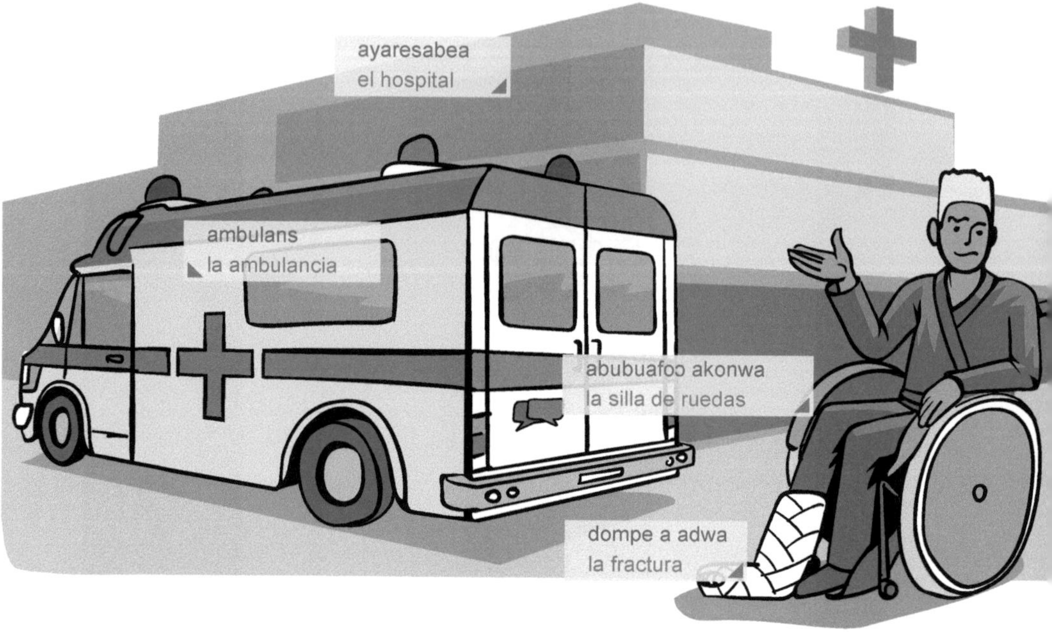

ayaresabea
el hospital
ambulans
la ambulancia
abubuafoɔ akonwa
la silla de ruedas
dompe a adwa
la fractura

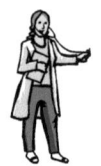

dɔkota

el médico

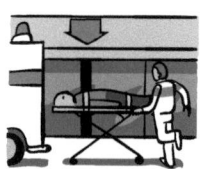

ɛdan a wɔde putupru nsɛm kɔmu

la sala de guardia

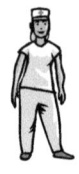

nɛɛse

la enfermera

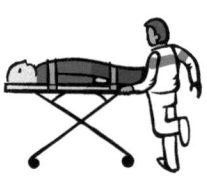

putupru

la emergencia

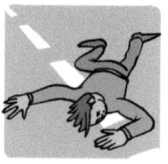

wɔ atwa ahwe

inconsciente

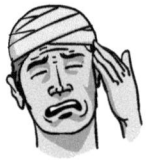

yea

el dolor

epira

la lesión

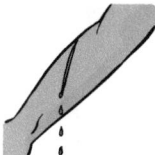

mogyatuo

la hemorragia

akoma yarenini

el infarto

stroke yareɛ

el ACV

allegyi

la alergia

ɛwa

la tos

ahɔɔhyeɛ

la fiebre

papu

la gripe

ayamtuo

la diarrea

tipaeɛ

el dolor de cabeza

kokoram

el cáncer

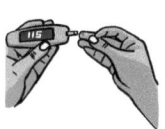

asikyire yareɛ

la diabetes

dɔkota a ɛyɛ oprehyɛn

el cirujano

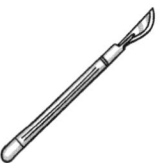

skapɛl sekan

el bisturí

aprehyɛn

la operación

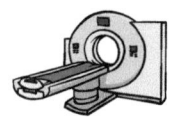

CT
la TC

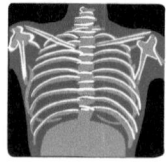

x-ray
los rayos x

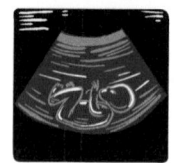

ultrasound
la ecografía

nkatanim
el barbijo

yareɛ
la enfermedad

ɛdan a wɔ twɛn mu
la sala de espera

krɔhyes
la muleta

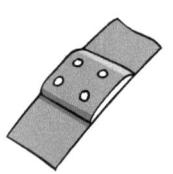

plasta
la curita

banege
la venda

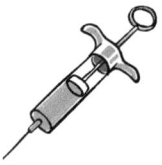

paneɛ
la inyección

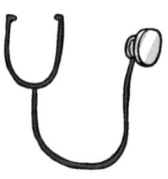

Stetoskop
el estetoscopio

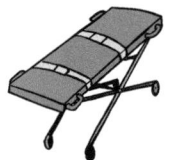

ahomankaa
la camilla

afidie a esusu ahoɔhyeɛ
el termómetro

awoɔ
el nacimiento

kɛseɛ mmorosoɔ
el sobrepeso

afidie a ɛboa asɛmtie

el audífono

aduro a ekum mmoawa

el desinfectante

yareɛ a mmoawa deba

la infección

vaarɔs

el virus

HIV / AIDS

el VIH / SIDA

aduro

el remedio

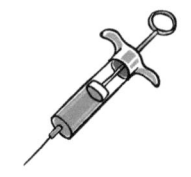

aduro a esi yareɛ ano

la vacunación

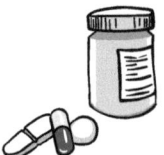

aduro tablɛte

los comprimidos

topaeɛ

la pastilla anticonceptiva

ɔfrɛ wɔ putupru so

la llamada de emergencia

afidie a esusu mogya mmrosoɔ

el tensiómetro

yareɛ / apomuden

enfermo / sano

Boa me!

¡Ayuda!

kɔkɔbɔ

la alarma

ɛborɔ

la agresión

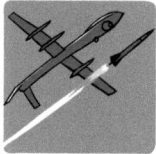

ato ahyɛ obi so

el ataque

ɛyɛ hu

el peligro

baabi a yɛfa de pue putupru so

la salida de emergencia

Ogya!

¡Fuego!

afidie a yɛde dumgya

el matafuego

nkwanhyia

el accidente

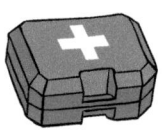

nneɛma yɛde sɔ yareɛ ano

el botiquín de primeros auxilios

SOS

el SOS

polisi

la policía

Yuropo

Europa

Amerika atifi

América del Norte

Amerika ananfoɔ

América del Sur

Abiberm

África

Asia

Asia

Australia

Australia

Atlantik

el Atlántico

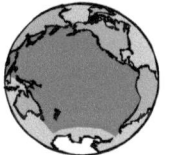

Pasifek

el Pacífico

India po kɛseɛ

el Océano Índico

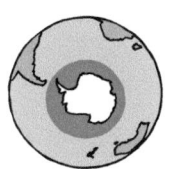

Antaatek po keseɛ

el Océano Antártico

Aatek po kɛseɛ

el Océano Ártico

Ewiase atifi

el polo norte

Ewiase anaafoɔ

el polo sur

Antaatek

la Antártida

Ewiase

la Tierra

asaase

la tierra

ɛpo

el mar

supɔ

la isla

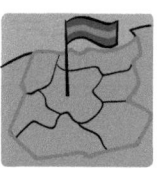

ɔman

la nación

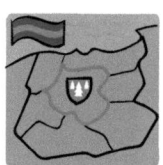

ɔman

el estado

klɔko no anim

la esfera

dɔnhwere nsa no

la manecilla de las horas

sima nsa

el minutero

anitɛtɛ nsa no

el segundero

Abɔ sɛn?

¿Qué hora es?

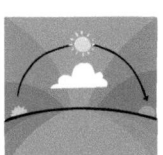

da

el día

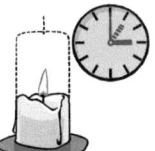

berɛ

la hora

seeseiara

ahora

wkye a nɔma wɔ so

el reloj digital

sima

el minuto

dɔnhwere

la hora

nnawɔtwe

la semana

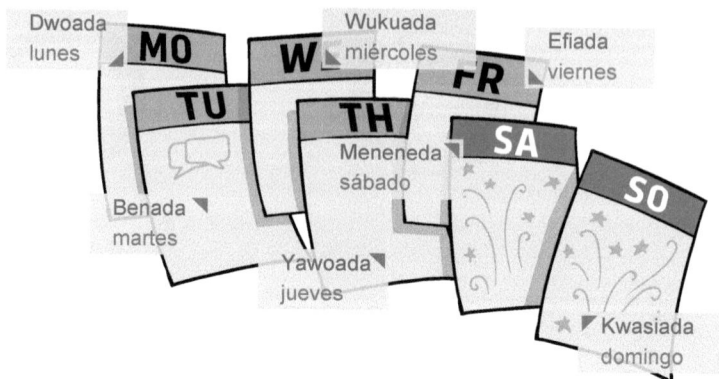

Dwoada / lunes
Benada / martes
Wukuada / miércoles
Yawoada / jueves
Efiada / viernes
Meneneda / sábado
Kwasiada / domingo

ɛnora

ayer

ɛnora

hoy

ɔkyina

mañana

anɔpa

la mañana

prɛmtobrɛ

el mediodía

anwumerɛ

la tarde

adwuma nna

los días hábiles

nnawɔtwe awieɛ

el fin de semana

afe
el año

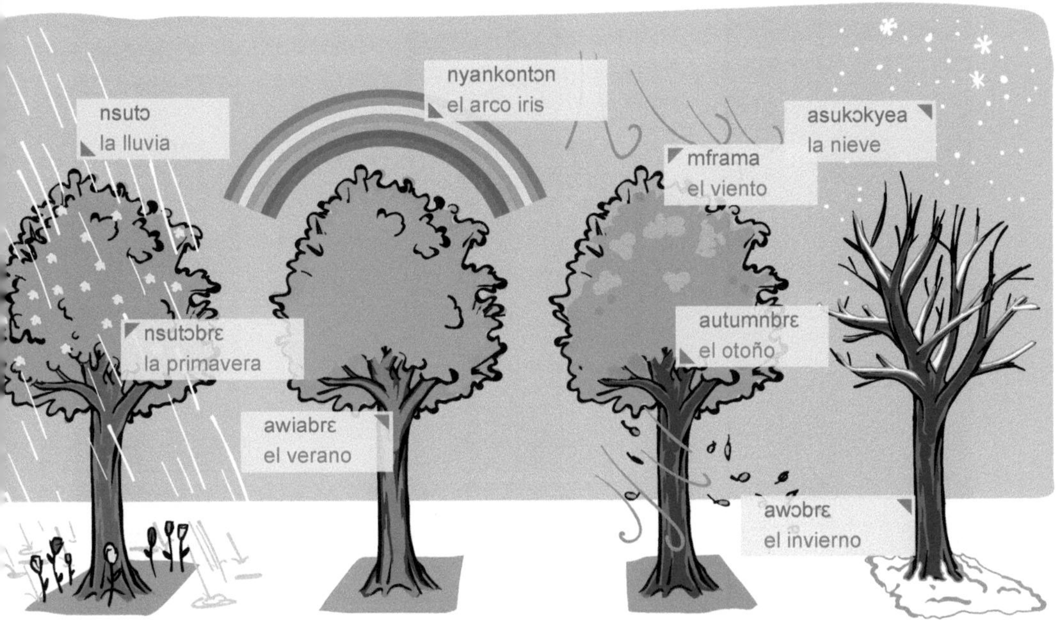

nsutɔ
la lluvia
nyankontɔn
el arco iris
asukɔkyea
la nieve
mframa
el viento
nsutɔbrɛ
la primavera
autumnbrɛ
el otoño
awiabrɛ
el verano
awɔbrɛ
el invierno

4.APRIL 11°
5.APRIL 4°
6.APRIL 13°
7.APRIL 8°
8.APRIL 10°

ewiem nsakrɛɛɛ

el pronóstico meteorológico

F C
120 40
90 30
60 20
30 10
0 0
-30 -10
-20

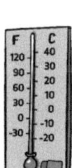

afidie a esusu ade ho hyeɛ

el termómetro

awiabɔ

la luz del sol

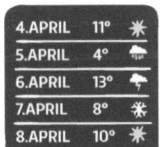

munukum

la nube

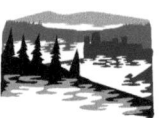

ɛbɔ

la niebla

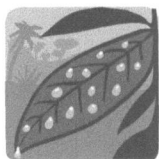

ewiem nsuo

la humedad

ayerɛmo

el rayo

apranaa

el trueno

ehum

la tormenta

asukɔkyea

el granizo

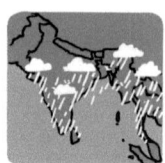

monsoonbrɛ

el monzón

nsuyiri

la inundación

aise

el hielo

ɔpɛpɔn

enero

ɔgyefoɔ

febrero

ɔbɛnem

marzo

Oforisuo

abril

Kotonimaa

mayo

Ayɛwohomumu

junio

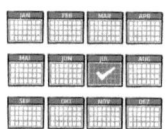

Kitawonsa

julio

ɔsanaa

agosto

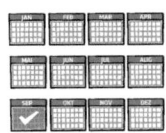

ɛbɔ
....
septiembre

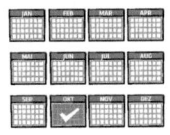

Ahinime
....
octubre

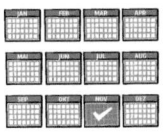

Obubuo
....
noviembre

ɔpɛnimaa
....
diciembre

abosuo
las formas

kanko
....
el círculo

sokwɛɛ
....
el cuadrado

rɛktangel
....
el rectángulo

triangel
....
el triángulo

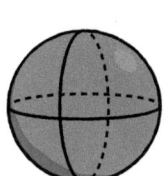

krukruwa
....
la esfera

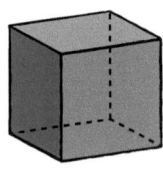

adaka
....
el cubo

fitaa

blanco

akokɔ sradeɛ

amarillo

ankaa

naranja

pink

rosa

kɔkɔɔ

rojo

pɛpol

violeta

bruu

azul

ahaban mono

verde

braun

marrón

nson

gris

tuntum

negro

pii / ketewa

mucho / poco

wo boafu / wɔ adwo

enojado / tranquilo

ɛyɛ fɛ / ɛyɛ tan

lindo / feo

ahyɛseɛ / awieɛ

el principio / el fin

kɛseɛ / esua

grande / chico

ɛha / esum

claro / oscuro

nuabarima / nuabaa

el hermano / la hermana

ɛho te / ayɛ fin

limpio / sucio

awie / enwieɛ

completo / incompleto

awia / anadwo

el día / la noche

awu / ɛte ase

muerto / vivo

emubae / ɛyɛ tea

ancho / angosto

yɛde /yɛnni

comestible / no comestible

bɔne / tema

malo / amable

wɔ aniagye / wɔ ani nka

entusiasmado / aburrido

ɔso / teatea

gordo / flaco

edikan / etwatoɔ

primero / último

adamfoɔ / atamfo

el amigo / el enemigo

ayɛ mma / hwee nim

lleno / vacío

ɛdenden / mmerɛ mmerɛ

duro / blando

ɛyɛ duru / ɛyɛ ha

pesado / liviano

ɛkɔm / nsukɔm

el hambre / la sed

yareɛ / apomuden

enfermo / sano

etia mmara / ɛwɔ mmara mu

ilegal / legal

nyansa / gyimi

inteligente / estúpido

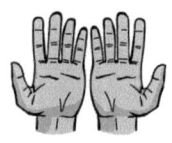

benkum / nifa

izquierda / derecha

ɛbɛn / akyire

cerca / lejos

foforɔ / dada

nuevo / usado

hwee / biribi

nada / algo

wɔ anyini/ ɔsua

viejo / joven

sɔ /dum

encendido / apagado

bue / tom

abierto / cerrado

dinn / dede

silencioso / ruidoso

ɔdefoɔ / ohia

rico / pobre

nifa / benkum

correcto / incorrecto

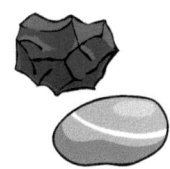

werewerɛwerewerɛ /
trontron

áspero / suave

awerɛhoɔ / anigyeɛ

triste / contento

tietia / tenten

corto / largo

nyaa / ntɛm

lento / rápido

afɔ / awɔ

mojado / seco

dedɛɛdeɛɛ / adwo

caliente / frío

akoo / asomdweɛ

guerra / paz

0

hwee

cero

1

baako

uno

2

mienu

dos

3

meɛnsa

tres

4

ɛnan

cuatro

5

enum

cinco

6

nsia

seis

7

nson

siete

8

nwɔtwe

ocho

9

nkron

nueve

10

edu

diez

11

du-baako

once

12

du-mienu

doce

13

du-meɛnsa

trece

14

du-nan

catorce

15

du-num

quince

16

du-nsia

dieciséis

17

de-nson

diecisiete

18

du-nwɔtwe

dieciocho

19

du-nkron

diecinueve

20

aduonu

veinte

100

ɔha

cien

1.000

apem

mil

1.000.000

ɔpepem

el millón

Brofo

el inglés

Amerikafoɔ Brofo

el inglés americano

Chainfoɔ Mandarin

el chino mandarín

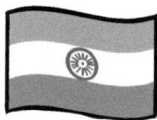

Hindi

el hindi

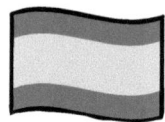

Spainfoɔ kasa

el español

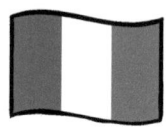

French kasa

el francés

Arabia kasa

el árabe

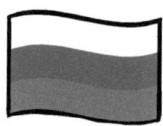

Russianfoɔ kasa

el ruso

Portugalfoɔ kasa

el portugués

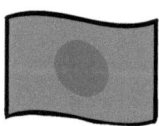

Bengali

el bengalí

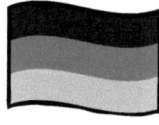

Germanfoɔ kasa

el alemán

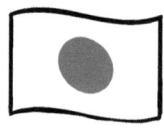

Japanfoɔ kasa

el japonés

Me
....
yo

wo
....
vos

ono
....
él / ella

yɛn
....
nosotros

wo
....
ustedes

ɔmmo
....
ellos

hwan?
....
¿quién?

deɛ bɛn?
....
¿qué?

ɛyɛ deen?
....
¿cómo?

ehen?
....
¿dónde?

dabɛn?
....
¿cuándo?

edin
....
el nombre

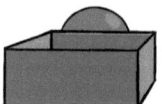

akyire

detrás

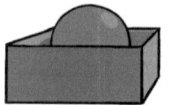

emu

en

anim

adelante de

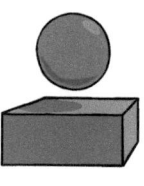

εsoro

por encima de

εso

sobre

aseε

debajo de

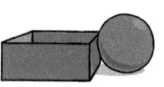

nkyεn

al lado de

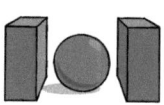

ntεm

entre

beaε

el lugar